GRILLEN

Heiße Köstlichkeiten vom Rost

GRILLEN

Heiße Köstlichkeiten vom Rost

EDITION XXL

Inhalt

Rund ums Grillfest

Was passiert beim Grillen?

Das Wort Grill entstammt ursprünglich dem englischen Wortschatz und heißt übersetzt Rost. Unter „Grillen" ist also das Garen auf einem Rost zu verstehen – nicht umsonst sprechen wir somit auch vom „Rösten" der Grillade. Mittlerweile nehmen wir es mit dem Begriff allerdings nicht mehr ganz so genau, denn heute denkt man beim Thema Grillen auch sofort an Grillspieße, die direkt über der Glut gedreht werden. Physikalisch gesehen ist der Grillvorgang ein Garen mit so genannten direkten Hitzestrahlen. Diese rösten die Grillade durch ihre hohe Temperatur. Dadurch entstehen auch verschiedene Röststoffe, die das typische Grillaroma hervorrufen.

Grillgeräte

Damit Ihre Grillparty ein voller Erfolg wird, kommt es vor allem auf das richtige Grillgerät an. Ein Grill wird mit Holzkohle, Strom oder Gas betrieben. Wie auch immer Sie sich entscheiden, Ihr Grillgerät sollte vor allem stabil und standfest sein. Ein absolutes Muss ist ein höhenverstellbarer Rost. Wichtig ist auch eine Windschutzvorrichtung – sonst lässt der Wind die Funken stieben. Außerdem sollte man darauf achten, dass eine Vorrichtung für Drehspieße vorhanden ist. Sehr praktisch sind Grillgeräte, bei denen sich die Glut nicht unter, sondern neben dem Grillgut befindet. Der Vorteil dieser so genannten Vertikalgrills besteht darin, dass kein Fett in die Glut tropfen kann.

Handwerkszeug und Zubehör

Unentbehrlich ist auch das richtige Handwerkszeug. Grillbesteck und Grillzange sollten einen langen Griff aufweisen. Ein Grillhandschuh aus feuerfestem Material hilft Verbrennungen vorzubeugen. Beim Grillen mit Holzkohle benötigt man außerdem eine Grillschaufel, um bei Bedarf die Kohle zusammenschieben zu können. Mit dicker Alufolie können Sie den Grill auskleiden, den Rost belegen oder Kartoffeln, Gemüse oder Fisch einwickeln. Außerdem sollten ein Pinsel mit Naturborsten zum Marinieren oder Einölen bereitliegen sowie ein Holzbrett mit Saftrinne, ein Tranchiermesser – und vor allem eine Schürze gegen Fettspritzer. Zum Grillen von Gemüse, Fisch und mariniertem Fleisch sind spezielle Grillpfannen aus Alufolie sinnvoll. Wer gerne gegrillten Fisch isst, für den lohnt sich die Anschaffung von Fischkörben.

Richtig einheizen

Herkömmliche Grillgeräte werden üblicherweise mit Holzkohle beheizt. Altpapier, Pappe oder Nadelholz sind dagegen ungeeignet zum Heizen, da sie Krebs erregende Benzpyrene entstehen lassen. Verwenden Sie der Sicherheit zuliebe stets Grillanzünder und keinesfalls Benzin. Ein Blasebalg ist hilfreich, um die Glut anzufachen. Wichtig: bei Holzkohlegrills das Grillgut erst dann auflegen, wenn die Kohle richtig durchgeglüht ist und weder Flammen noch Rauch sichtbar sind.

Was eignet sich zum Grillen ?

Fleisch von Schwein, Rind, Lamm, Geflügel und auch Fisch lässt sich hervorragend grillen – vorausgesetzt, es ist nicht gepökelt. Aber es muss nicht immer nur Fleisch sein, probieren Sie doch auch einmal gegrilltes Gemüse wie z. B. Tomaten, Maiskolben, Paprika – und nicht zu vergessen Kartoffeln! Gegrillte Früchte wie Ananas, Mango oder Bananen sind ebenfalls eine Delikatesse.

Gesundes Grillen

An sich ist Grillen eine der gesündesten Gararten, die es gibt. Durch die direkte Hitzestrahlung schließen sich sofort die Poren des Grillfleischs. Dadurch gehen weniger wertvolle Vitamine und Mineralstoffe verloren und auch die typischen Geschmacksstoffe bleiben besser erhalten. Das in der Grillade enthaltene Fett schmilzt jedoch in der Hitze und tropft aus. Deshalb ist keine Zubereitungsart so fett- und kalorienarm wie das Grillen! Aber Vorsicht: Damit das Grillen auch wirklich gesund bleibt, gilt es einige Sicherheitsregeln einzuhalten. Achten Sie vor allem darauf, dass niemals Fett in die Glut tropft. Dieses verbrennt auf der heißen Kohle und lässt Krebs erregende Benzpyrene entstehen, die sich auf dem Grillgut ablagern können. Um dies zu verhindern, sollte man am besten für mariniertes und fettes Fleisch spezielle Grillpfannen aus Alufolie verwenden, so werden Saft und Fett von der Glut fern gehalten. Als Alternative bieten sich die Vertikal-Grillgeräte an, bei denen kein Fett in

die Glut tropfen kann. Gefährliche Benzpyrene entstehen aber auch, wenn Fleisch stark verbrennt, deshalb sollte man stets für den richtigen Abstand zwischen Glut und Fleisch sorgen. Noch ein Sicherheitshinweis: keinesfalls gepökeltes Fleisch, wie z. B. Kasseler Kotelett, grillen. Das darin enthaltene Nitritsalz verbindet sich bei den hohen Grilltemperaturen mit dem Eiweiß des Grillfleischs zu Krebs erregenden Nitrosaminen.

Hätten Sie´s gewusst?

Der Begriff Barbecue, die amerikanische Grillvariante, stammt ursprünglich von kanadischen Trappern. Diese brieten ganze Ochsen am Spieß, also vom Maul bis zum Schwanz; französisch gesprochen: de la barbe à la queue ...

Gut gewürzt ist halb gegrillt

So richtig lecker schmecken Grillfleisch, Hackfleischspezialitäten, Geflügel und Fisch erst durch das richtige Würzen und Marinieren. Bei Grillkräutern und Gewürzen darf also keineswegs gespart werden. Frische Kräuter werden dagegen hauptsächlich für Saucen und Dips oder zum Marinieren verwendet. Vorsicht allerdings beim Umgang mit Salz, es kann das Fleisch austrocknen. Deshalb nur sparsam salzen – am besten erst nach dem Grillen.

Besonders viel Geschmack nimmt Grillgut an, wenn es mariniert wird – außerdem bleibt es dann besonders zart. Einfach das Grillfleisch mehrere Stunden in die Marinade einlegen, dabei mehrmals wenden. Marinaden können Sie auf der Basis von Essig, Öl, Bier, Wein oder Sherry leicht selbst herstellen. Knoblauch, Zwiebeln, Pfeffer, Kräuter, Senf und Tomatenmark geben dabei die richtige Würze. Wichtig: Um zu verhindern, dass Marinade in die Glut tropft, sollte man mariniertes Fleisch vor dem Grillen gut abtupfen oder noch besser in speziellen Grillpfannen aus Alufolie rösten.

Gewürz	Schwein	Rind	Lamm	Geflügel	Fisch
Pfeffer schwarz	•	•	•	•	•
Pfeffer grün		•			
Cayennepfeffer	•			•	
Paprikapulver	•			•	
Curry				•	
Ingwer				•	•
Meerrettich	•	•			
Dill					•
Petersilie	•	•		•	•
Schnittlauch		•			•
Thymian	•	•	•	•	
Oregano	•	•	•		
Basilikum	•	•			
Rosmarin	•	•	•	•	•
Kräuter der Provence	•		•	•	•
Majoran	•	•			
Salbei	•		•	•	
Liebstöckel	•	•			
Estragon		•		•	•
Knoblauch	•	•	•	•	•
Quelle: Wirths PR					

Jetzt wird gegrillt

Besonders abwechslungsreich und delikat sind Grillspieße. Der Fantasie sind dabei kaum Grenzen gesetzt.

Partytomaten, Schalotten, in Scheiben geschnittene Maiskolben und pikant abgeschmeckte Hackfleischbällchen aus Rind- oder Lammfleisch aufspießen, würzen und von beiden Seiten grillen.

Dazu herzhafte Steaks und leckere Kartoffeln vom Grill, je nach Geschmack mit Pfeffer, Rosmarin, Oregano, Thymian oder anderen Kräutern und Gewürzen.

Dazu passen frische Soßen und Dips, insbesondere herzhafte Käse-Dips mit Kräutern und Knoblauch oder Mixed Pickles.

Grillparty/Spezialitäten

Grillparty

Bei einer zünftigen Grillparty können Sie ruhig einmal spießig sein. Aber bitte mit Fantasie ...

Servieren Sie doch einmal einen herzhaften Grillspieß mit in Scheiben geschnittenen Zucchini, Riesengarnelen, frischen Ananasstücken, Partytomaten, Peperoni, Schweinefilet und mundgerechten Paprikastücken.

Dazu frisches Baguette, Grillkartoffeln und pikante Käse-Dips mit Kräutern und Gewürzen.

Spezialitäten vom Grill ...

schmecken nicht nur Kindern gut. Neben verschiedenen Grillwürsten können Sie auch Hamburger oder Cevapcici grillen und natürlich leckere Spieße.

Damit die Wurst beim Grillen nicht aufplatzt, sollten Sie ...

- Schweinswürste vorher kurz mit heißem Wasser überbrühen. Die Bratwurst zuvor leicht einölen.
- Brühwurst (Bockwurst, Frankfurter, Wiener) leicht einkerben oder längs aufschneiden.
- möglichst nicht bei voller Hitze grillen.

Würste vom Grill schmecken besonders gut, wenn die eingekerbte Wurst nach dem Grillen mit Schmelzkäse aus der Tube gefüllt und mit frischen Kräutern bestreut serviert wird.

So abwechslungsreich Grillspezialitäten auch sein können, eines haben sie gemeinsam: Mit den richtigen Dips schmecken sie noch besser. Feurig mit Gourmet-Dip Paprika und Chili, würzig mit Kräutern und Knoblauch oder pikant mit Mixed Pickles.

Saftige Stücke

Saftige Stücke vom Grill ...

gehören zu den besten Stücken, die Rind, Schwein, Lamm und Huhn zu bieten haben: ein herzhaftes T-Bone-Steak, Hüft-Steaks, Lenden-Steaks, Roastbeef, saftige Spareribs, knusprige Hähnchenschenkel und aromatische Lamm-koteletts oder Lammkeulen.

Beim Grillen von Fleischstücken sollten Sie Folgendes beachten, damit das Fleisch außen schön knusprig wird und innen saftig bleibt:

- Das Fleisch zuerst kalt abspülen, dann mit Küchenpapier gut trockentupfen.
- Sichtbare Fettschichten abschneiden, das Fleisch vor dem Grillen gut würzen.
- Fleisch stets bei hoher Hitze, aber möglichst kurz grillen, damit es nicht austrocknet.
- Zum Wenden des Grillgutes stets eine Zange verwenden – keine Gabel, damit der Fleischsaft nicht austritt.
- Sparsam mit Salz umgehen und erst nach dem Grillen salzen.
- Nicht mit Kräutern und Gewürzen sparen, denn dadurch erhält das Fleisch seinen besonderen Geschmack.

Dazu schmecken ein kühles Bier, trockener Wein, knuspriges Brot und Baguette, knackiger Salat und zum Dippen herzhafte Dips oder Kräuterquark.

Vegetarische Spezialitäten

Jeder kennt die einfachste und zugleich köstlichste Grillspezialität: die gute alte Kartoffel, glühend heiß direkt aus der Glut, vom Grill oder als Folienkartoffel.

Aber auch Obst und Gemüse erhalten auf dem Grill ein ganz besonderes Aroma. Ananas, Bananen, Zitrusfrüchte, Kiwi, Mango, Papaya, heimische Früchte wie Äpfel und Birnen, Pfirsiche, Aprikosen und Nektarinen lassen sich – in Scheiben oder Stücke geschnitten oder in Alufolie – gut grillen. Kleiner Tipp: Obst wird noch aromatischer, wenn man es mit Butter, Honig und Zitronen- oder Limonensaft bestreicht und nach dem Grillen leicht zuckert. Je nach Geschmack kann man dazu Vanillezucker oder Zucker und Zimt verwenden.

Frische Gemüse wie z. B. Tomaten, Zucchini, Paprika, Auberginen, Mais, Zwiebeln, Fenchel, Kohlrabi, Sellerie und Pilze schmecken vom Grill besonders delikat. Hier gilt die Regel: erst salzen und würzen und dann grillen.

Gerade zu gegrilltem Gemüse und Kartoffeln schmecken pikante Käse-Dips besonders gut. Unsere Empfehlung: Kräuterquark oder leckere Käse-Dips.

sind frisch gegrillt eine Delikatesse, die man sich eigentlich viel öfter gönnen sollte. Zum Grillen eignen sich ganze Fische, wie z. B. Makrele, Rotbarbe, Seezunge, Hering, Renke, Forelle, Hecht, Schleie, Red Snapper und Sardine. Auch Koteletts und Filets von Lachs, Hecht, Kabeljau, Heilbutt, Zander und Rotbarsch lassen sich vorzüglich grillen. Gleiches gilt für Schalentiere wie Muscheln, Hummer, Langusten, Langustine (Scampi oder Kaisergranat) und Garnelen (auch Shrimps, Krabben oder Crevetten genannt), Riesengarnelen und Hummerkrabben oder Gambas.

Vor dem Grillen sollte man jedoch einiges beachten:

- Möglichst fangfrische Ware verwenden. Frischen Fisch erkennt man an seinem metalischen Glanz, den glänzenden Schuppen, seiner straffen Haut, den klaren Augen und an der roten Farbe der Kiemen.
- Fische vorher schuppen und ausnehmen.
- Anschließend säubern, salzen und säuern, und zwar mit Zitronen- oder Limonensaft.
- Damit die Haut nicht am Rost festklebt, Fisch und Grillrost einölen.
- Ganze Fische am Spieß oder direkt im Grill- bzw. Bratkorb grillen.
- Halbierte Meeresfrüchte erst von der Fleischseite her grillen.

Fisch kann natürlich auch in Alufolie eingeschlagen und gegrillt werden. Ein hervorragendes Aroma erhält Fisch, wenn er zuvor leicht eingeölt und reichlich mit Kräutern bestreut wird.

Wie auch immer Sie Fisch und Meeresfrüchte zubereiten, auf frisches knuspriges Baguette, einen fruchtig-trockenen Wein und die Dips mit Kräutern, Knoblauch, Paprika und Chili sollten Sie keinesfalls verzichten.

Rinderfilet „Argentina"

Zutaten für 4 Personen:

4 getrocknete Chilischoten
5 Knoblauchzehen
1 große Zwiebel
2 Bund Petersilie
1 TL Meersalz

2 EL Essig
5 EL Speiseöl
1 kleine Zucchini
4 Stücke Rinderfilet à 200 g
1 Packung Bacon
1 Limette
Salz, grober Pfeffer

Zubereitung:

1. Chilischoten halbieren, Kerne entfernen, im Mörser zerstoßen. Knoblauchzehen und Zwiebel abziehen und beides fein hacken. Petersilie waschen, trockentupfen und ebenfalls hacken.

2. Alles mit Salz in eine Schüssel geben. Essig mit drei EL Wasser aufkochen und sofort über die gehackten Zutaten gießen. Unter Rühren vier EL Öl einlaufen lassen. (Diese so genannte Chimichurri-Soße schmeckt am besten, wenn sie in einem Glas mit Schraubverschluss eine Woche durchzieht.)

3. Zucchini putzen und waschen. Der Länge nach acht dünne Scheiben abschneiden.

Filets trockentupfen und zuerst mit je zwei Zucchini-, dann mit je zwei Speckscheiben umwickeln und feststecken.

4. Rinderfilets mit Limettensaft beträufeln und mit dem restlichen Öl einpinseln. Filets unter mehrfachem Wenden ca. 10 Minuten grillen.

5. Mit Salz und Pfeffer würzen. Servieren Sie nach Wunsch Baked Potatoes zum Rinderfilet und zum Chimichurri. Dazu schmeckt Langguth Malbec.

Schweineschnitzel mit Wurstfüllung

Zutaten für 4 Personen:

4 Schweineschnitzel à 150 g,
aus der Oberschale
200 g Bratwurstbrät, fein

1 Zwiebel, gehackt
Salz
Pfeffer
1 Bund gehackte Kräuter
flüssige Butter zum Bepinseln

Zubereitung:

1. Das Brät mit der Zwiebel, Pfeffer, Salz und den Kräutern verkneten.

2. Die Schnitzel halbseitig damit bestreichen, zuklappen.

3. Mit einem Holzstäbchen zustecken.

4. Mit Butter bepinseln und ca. 15 Minuten grillen.

Dazu servieren Sie Folienkartoffeln mit Quark oder frisches Baguette.

Glasierte Schweinerippchen „Tokio"

Zutaten für 4 Personen:

2 kg magere Schweinerippchen
1 großes Stück frischer Ingwer
1 Zitrone
6 EL japanische Sojasoße
(z. B. von Kikkoman)

3 EL Mirin (süßer Reiswein zum
Kochen, ersatzweise halbtrockener
Sherry)
3 EL Honig
2 EL Tomatenketschup
1 TL Sambal Oelek

Zubereitung:

1. Die Rippchen schon vom Fleischer in Stücke von je 3 Rippchen teilen lassen. Die Rippchen mit einem Tuch abreiben und das Fleisch zwischen den Knochen um zwei Drittel einschneiden. Die Rippchen in eine flache Schüssel legen.

2. Den Ingwer schälen, in kleine Stücke schneiden und durch die Knoblauchpresse den Saft in ein Stieltöpfchen pressen. Die Zitrone auspressen und den Saft hinzufügen. Die Sojasoße, den Mirin, den Honig, das Tomatenketschup und das Sambal Oelek in den Topf geben und unter Rühren

einmal aufkochen. Heiß über die Rippchen gießen und diese 30 bis 60 Minuten marinieren, dabei häufig umwenden.

3. Die Rippchen flach in eine Grillschale legen, nochmals mit Marinade bestreichen und über der Holzkohle langsam grillen, je nach Dicke 15 bis 20 Minuten. Dabei ein- bis zweimal wenden und mit Marinade einpinseln.

Fleischspieße

Zutaten für 4 Personen:

400 g Schweinebraten, vom
Schinkenstück
250 g Backpflaumen
1/4 l Rotwein
100 g durchwachsener Speck,
dünne Scheiben

3 Äpfel
Saft von 1/2 Zitrone
Öl
Majoran
Salz
Pfeffer

Zubereitung:

1. Backpflaumen über Nacht in warmem Rotwein einweichen.

2. Vor der Verwendung abtropfen lassen, entkernen und mit geräucherten Speckscheiben umwickeln.

3. Fleisch in Würfel schneiden. Äpfel entkernen, waschen, in Sechstel teilen und mit Zitronensaft beträufeln.

4. Fleisch, Backpflaumen in Speckscheiben und Äpfel abwechselnd auf Spieße stecken und mit Öl bestreichen.

5. Die Spieße auf den heißen Grill legen und unter Wenden ca. 15 bis 20 Minuten garen. Mit Majoran, Salz und Pfeffer würzen.

Koteletts à la Teriyaki

Zutaten für 4 Personen:

4 Schweinekoteletts
6 EL Teriyaki-Marinade
(z. B. von Kikkoman)
2 EL Öl
Pfeffer
4 Tomaten

Zubereitung:

1. Koteletts in Teriyaki-Marinade ca. 3 Stunden zugedeckt im Kühlschrank marinieren.

2. Etwas abtupfen, mit Öl bestreichen und auf dem Grill von jeder Seite ca. 8 Minuten garen.

3. Nach Geschmack noch mit Pfeffer würzen.

4. Die Tomaten mit einem scharfen Messer über Kreuz einschneiden und ca. 5 bis 8 Minuten mitgrillen.

Spareribs mit Senf und Honig

Zutaten für 4 Personen:

1,5 kg Spareribs

Für die Marinade:
2 Knoblauchzehen
5 EL Olivenöl
3 EL Dijonsenf
3 EL Honig
Saft einer Zitrone

2 EL brauner Zucker
Tabasco
Salz
Pfeffer

Zubereitung:

1. Die Spareribs in Portionen schneiden und auf einem Emaille-Bräter (z. B. von Campingaz) flach auslegen.

2. Den Knoblauch schälen, fein hacken oder durch eine Knoblauchpresse drücken.

3. Olivenöl, Senf, Honig, Zitronensaft, Zucker, den gehackten Knoblauch und einige Spritzer Tabasco zu einer Marinade verrühren.

4. Die Marinade über die Rippchen geben und zugedeckt 3 Stunden durchziehen lassen.

5. Die Spareribs bei kleiner bis mittlerer Hitze 20 bis 30 Minuten grillen. Dabei öfters wenden und mit der restlichen Marinade bestreichen. Mit Salz und Pfeffer aus der Mühle würzen.

Dazu Baked Potatoes mit Sour Cream servieren.

Unser Tipp: Besonders gut eignet sich hier ein Grill mit Deckel, der während des Garvorgangs geschlossen werden kann (z. B. ein RBS-Grill von Campingaz).

Fleischspieße „Teufel und Engel"

Zutaten für 4 Personen:

Teufelsspieße:
500 g mageres Schweinefleisch, in Würfeln
150 g magerer, geräucherter Speck, in Scheiben
je 1 rote und grüne Paprikaschote
2 Zwiebeln, in Achteln
Öl, Salz, Pfeffer, Rosenpaprika

Engelsspieße:
500 g mageres Schweinefleisch, in Würfeln
2 Bananen, in Scheiben
2 Äpfel, geschält, geviertelt, entkernt, in Scheiben geschnitten
1/2 Gemüsezwiebel, in passenden Scheiben
Salz, Pfeffer, Curry

Zubereitung:

1. Fleischwürfel und andere Zutaten abwechselnd auf Spieße stecken, mit Öl beträufeln, salzen, pfeffern und mit Paprika bzw. Curry würzen.

2. Überflüssige Gewürze sanft abklopfen. Spieße etwa 15 Minuten über schwach glimmendem Feuer grillen, dabei gelegentlich wenden.

Unser Tipp: Kleine Kartoffeln, z. B. fertig geschälte aus dem Glas, auf Alufolie legen und ca. 10 bis 15 Minuten mitgrillen, dabei vorsichtig wenden. Als Beilage servieren.

Rippchen mit Dips

Zutaten für 4 Personen:

3 kg Schälrippchen
reichlich Öl
scharfe Grillsoße
4 Tomaten

Zubereitung:

1. Schweinerippchen mit Öl einpinseln, auf den gut vorgeheizten Grill legen.

2. Scharf grillen, nach einigen Minuten beidseitig mit Grillsoße einpinseln, karamellisieren lassen.

3. Die Tomaten mit einem scharfen Messer über Kreuz einschneiden und ca. 5 bis 8 Minuten mitgrillen.

Unser Tipp: Schweinerippchen beim Essen in verschiedene Fondue-Soßen tunken, die dazu gereicht werden.

Als Beilagen servieren Sie für Genießer des Scharfen rote und grüne Peperoni oder für alle, die es süß mögen, gewürfelte Pfirsiche oder Ananas.

Gefüllte Fleischröllchen

Zutaten für 4 Personen:

8 Schweinesteaks aus der Kluft,
dünn geschnitten
Salz, Pfeffer
geschmolzene Butter

Füllung 1:
Spargelspitzen, schmale Kochbir-
nenspalten, mit etwas Sahne cremig gerührter Blauschimmelkäse,
Kresse

Füllung 2:
Feine Bohnen, Möhrenstifte,
Gemüsezwiebelstreifen, in feine

Streifen geschnittener und in etwas
Sahne-Meerrettich getunkter Kas-
seler-Aufschnitt, fein gehacktes
Bohnenkraut

Füllung 3:
Paprikastreifen, Tomatenstreifen,
Salatgurkenstreifen, in Paprikapulver gewälzte, geröstete Speckwürfel, Dillspitzen

Zubereitung:

1. Steaks nebeneinander ausbreiten, salzen,
pfeffern, mit den gewünschten Füllungen
belegen, aufrollen und mit Spießchen
zusammenstecken.

2. Vor dem Grillen mit heißer Butter bepinseln, unter häufigem Wenden ca. 15 Minuten grillen.

Grillvariationen zum Gartenfest

Marinierte Nackenkoteletts
für 4 Personen:

4 Nackenkoteletts, 2 EL Essig-Essenz (z. B. von Surig), 2 EL Wasser, 2 EL Öl, 1 TL getrocknete Kräuter der Provençe, 1 TL grober Pfeffer

Zubereitung:

Nackenkoteletts waschen. Essig-Essenz, Wasser, Öl, Kräuter und Pfeffer verrühren. Nackenkoteletts ca. 30 Minuten darin marinieren.

Marinierte Rippchen
für 4 Personen:

4 EL Sojasoße
1/2 TL getrocknete rote Pfefferschoten
1/2 TL Salz, 4 Grillrippchen, 2 EL Honig

Zubereitung:

Sojasoße, Pfefferschoten und Salz verrühren und die Rippchen darin ca. 30 Minuten marinieren, während des Grillens mit dem Honig bestreichen.

Putenschnitzel mit Mozzarella gefüllt
für 4 Personen:

1 Tomate, 80 g Mozzarella
4 dünne Putenschnitzel, Salz, weißer Pfeffer
einige Blätter Basilikum

Zubereitung:

Tomaten waschen und in Scheiben schneiden. Mozzarella in Scheiben schneiden. Putenschnitzel mit Salz und Pfeffer würzen. Mit Tomate, Mozzarella und Basilikum belegen, zusammenklappen und mit Holzstäbchen feststecken.

Tomaten-Ananas-Dip:

1 Knoblauchzehe, 10 g Butter
1 Packung stückige Tomaten mit Zwiebeln
1 Dose Ananas-Dessert-Stücke
1/2-1 TL Sambal Oelek, Salz
1 Spritzer Essig-Essenz (z. B. von Surig)

Zubereitung:

Knoblauch schälen und fein würfeln. Fett in einem Topf erhitzen und den Knoblauch darin andünsten. Tomaten zugeben und dicklich einkochen lassen. Ananas abtropfen lassen, zugeben und mit Sambal Oelek, Salz und Essig-Essenz abschmecken.

Vinaigrette:

2 EL Essig-Essenz (z. B. von Surig)
1 EL mittelscharfer Senf
Salz, grober Pfeffer, Wasser

Zubereitung:

Alle Zutaten gut miteinander verrühren.

Bunte Spieße „Lukullus"

Zutaten für 4 Personen:

150 g Rinderfilet
150 g Schweinefilet
150 g Lammfilet
200 g Kalbsfilet
60 g durchwachsener Speck

4 Scheiben durchwachsener Speck
2 Zwiebeln
2 Paprikaschoten (rot und grün)
Salz, Pfeffer
flüssige Butter zum Bestreichen
8 Blättchen Salbei
Paprikapulver

Zubereitung:

1. Rinder-, Schweine- und Lammfilet in große Würfel schneiden.

2. Speck, Zwiebeln und Paprika in Scheiben schneiden, abwechselnd mit den Fleischwürfeln auf Spieße stecken.

3. Das Kalbsfilet in vier Scheiben schneiden und mit dem durchwachsenen Speck umhüllen.

4. Spieße und Kalbsfilet pfeffern und salzen, mit flüssiger Butter bestreichen, auf den Rost legen und ca. 5 Minuten auf jeder Seite grillen.

5. Die Kalbsfilets mit Salbei garnieren und die Spießchen mit Paprikapulver würzen.

Unser Tipp: Dazu passen verschiedene frische Brote.

Grillteller à la Mexicana

Zutaten für 4 Personen:

4 Hähnchenschenkel
4 kleine Koteletts (à 125 g)
4 Bratwürste
2 Maiskolben
4 mittelgroße Kartoffeln
400 g Chilisoße oder Paprikasoße

2 Beutel Tortilla-Snacks
Salz
Pfeffer
Chilipulver
Speiseöl
Butter

Zubereitung:

1. Hähnchenschenkel und Koteletts unter kaltem Wasser gut abspülen, trockentupfen. Mit einem Pinsel leicht einölen und von beiden Seiten pfeffern.

2. Fleisch und Wurst auf dem Grill bei mittlerer Hitze von beiden Seiten 3 bis 4 Minuten grillen, anschließend Hähnchenschenkel und Koteletts salzen. Die Bratwürste mit Chilipulver bestreuen.

3. Kartoffeln halbieren, Maiskolben und Kartoffeln leicht buttern und von beiden Seiten einige Minuten grillen, dabei immer wieder mit Butter bestreichen.

4. Mit Chilisoße und Tortilla-Snacks servieren.

Wurstpotpourri

Zutaten für je 1 Person:

1. Variante:
1 Bratwürstchen
2 schmale Käsestreifen
2 dünne Speckscheiben à 50 g

Zubereitung:

Das Bratwürstchen längs durchschneiden und den Käse dazwischen legen. Dann mit Speck umwickeln und mit einem Zahnstocher zustecken. Auf dem Grill ca. 3 bis 6 Minuten von jeder Seite grillen.

2. Variante:
100 g Nürnberger Rostbratwürstchen (ca. 2 Stück)
1 Blatt TK-Blätterteig
1 EL Tomatenmark

Zubereitung:

Blätterteig auf die doppelte Größe ausrollen, dann wieder zusammenlegen, mit Tomatenmark bestreichen und die Würstchen darauf legen, zusammenklappen, die Ränder mit Wasser befeuchten und zusammendrücken. Im vorgeheizten Backofen bei 225° C 15 bis 20 Minuten goldgelb backen.

3. Variante:
1 grobe Bratwurst
1/2 Paprikaschote
1/2 Maiskolben
1 Spieß
1 EL Öl
Pfeffer, Salz

Zubereitung:

Bratwurst dritteln, Paprikaschote in 2 bis 3 cm große Stücke schneiden, Maiskolben in Scheiben schneiden und alles abwechselnd auf einen Spieß stecken. Mit Öl bepinseln und auf einem heißen Grill garen, pfeffern und salzen.

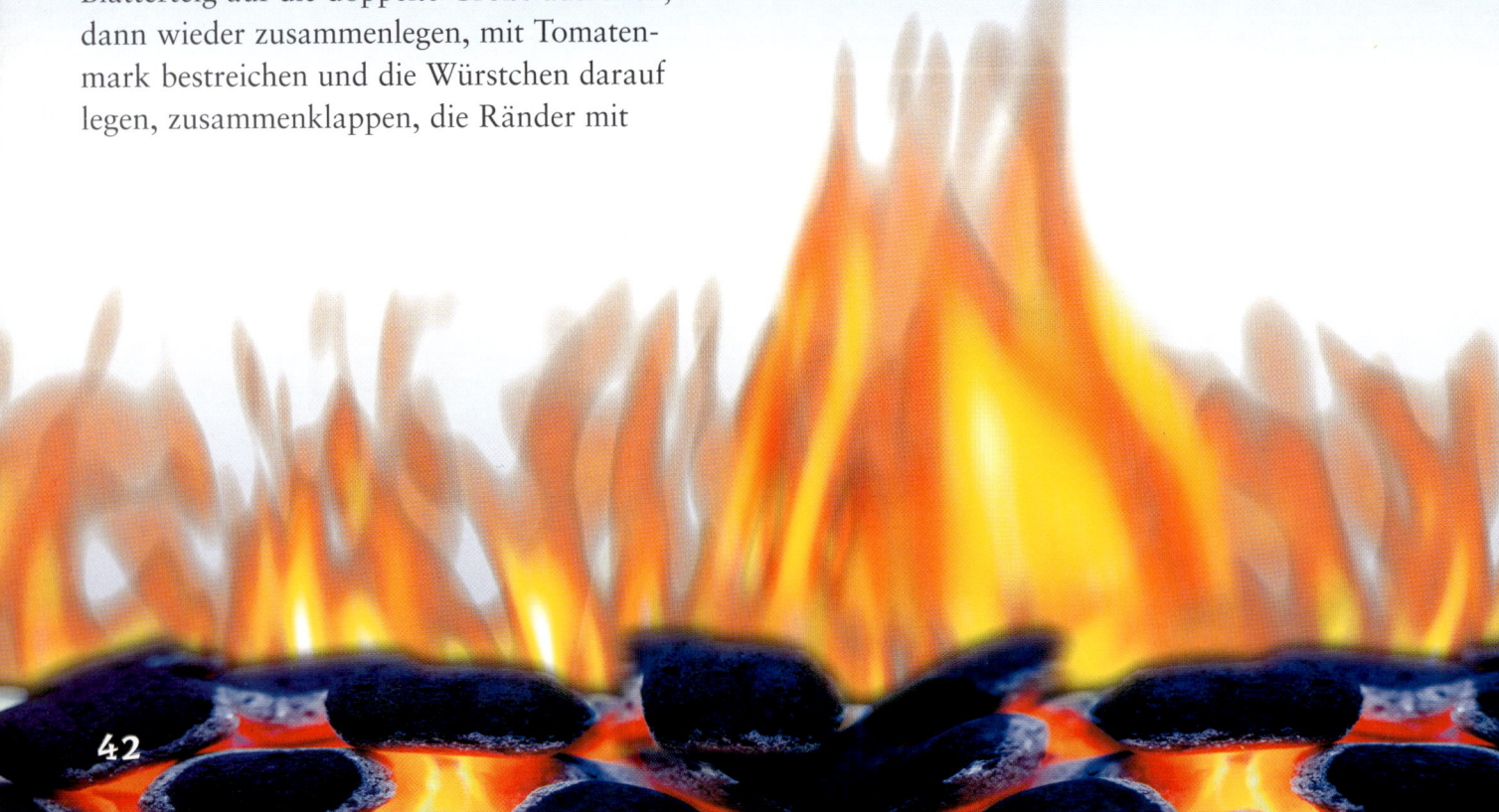

Marinierte Grillwürste

Zutaten für je 4 Personen:

Marinierte Grillwürste:

4 Grillwürste im Naturdarm
4 Schweinswürste im Naturdarm
4 grobe Kalbswürste im Naturdarm

Für die Marinade:
3/8 l Olivenöl, Salz, Pfeffer
1 Zweig Rosmarin, 1 Zweig Thymian
2 Peperoni in Scheiben
3 EL Sojasoße, 1 EL Senf
1 EL Paprikapulver

Zubereitung:

Öl mit den Gewürzen und Kräutern in einer
großen Schüssel mischen. Die Würste in dieser Marinade über Nacht im Kühlschrank
ziehen lassen. Zum Grillen die Würste aus
der Marinade nehmen, abtropfen lassen und
auf dem Grill garen.

Grillspieße:

4 grobe Schweinswürste im Naturdarm
4 Nürnberger Grillwürste im Naturdarm

2 Maiskolben in Scheiben
je 1 rote und gelbe Paprikaschote in Stücken
4 kleine Zweige Rosmarin
4 kleine Zweige Thymian, Salz

Zubereitung:

Alle Zutaten abwechselnd auf Spieße
stecken, mit Salz bestreuen und von
allen Seiten grillen.

Paprikasalat:

4 Tomaten in Scheiben
2 grüne Paprikaschoten in
Streifen, Schnittlauch

Für die Marinade:
2 EL Zitronensaft
Salz, Pfeffer
1/8 l Olivenöl

Zubereitung:

Tomaten und Paprikascho-
ten in einer Schale mit der
Marinade mischen. Mit
Schnittlauch garnieren.

Grillwürstchen mit verschiedenen Soßen

Zutaten für 4 Personen:

4 Nürnberger
Rostbratwürstchen
4 Kalbsbratwürstchen
4 Kräuterwürstchen, 4 Tomaten
gehackte Petersilie, Salz, Pfeffer

Für die Zwiebelsoße:
200 g Zwiebeln
1/8 l Gemüsebrühe

1/2 EL Paprikapulver
125 g Frischkäse
Salz, Pfeffer

Für die Kräuterbutter:
125 g weiche Butter
5 Knoblauchzehen, gehackt
1 Bund Petersilie, gehackt
1 Bund Basilikum, gehackt
1 Bund Thymian, gehackt
Salz, Pfeffer

Für die Pfefferbutter:
60 g grüner Pfeffer
125 g weiche Butter
1 EL Worchestersoße
Salz, Pfeffer

Zubereitung:

1. Die Würstchen in einer Grillpfanne braten oder auf einem Holzkohlengrill grillen.

2. Für die Zwiebelsoße Zwiebeln schälen, fein würfeln, in einen Topf geben und mit der Gemüsebrühe bei mittlerer Temperatur weich kochen. Paprikapulver zufügen und abkühlen lassen. Den Frischkäse unterrühren. Mit Salz und Pfeffer abschmecken.

3. Alle Zutaten für die Kräuterbutter miteinander verkneten und mit Salz und Pfeffer würzen. Für die Pfefferbutter die Pfefferkörner mit einem großen Messer zerdrücken, Butter und Worchestersoße zugeben. Mit Salz und Pfeffer abschmecken.

4. Die Tomaten kreuzweise einschneiden. Auf einem Blech oder in einer Grillpfanne ca. 10 Minuten grillen, bis die Tomaten weich sind. Mit Salz und Pfeffer würzen und mit gehackter Petersilie bestreuen.

Lammspieße

Zutaten für 4 Personen:

500 g Lammfleisch aus der Keule
4 kleine rote Zwiebeln
1 kleine Zucchini
1 kleine gelbe Paprikaschote
1 kleine grüne Paprikaschote
Salz
Pfeffer

Thymian
etwas Öl
200 g Käse-Dip Kräuter und
Knoblauch

Zubereitung:

1. Lammfleisch in Würfel schneiden, Gemüse putzen, waschen und in gleich große Stücke schneiden, die Zwiebeln schälen.

2. Lammfleisch, Paprika, Zucchini und die Zwiebeln abwechselnd auf 4 Spieße stecken.

3. Mit Pfeffer und Thymian bestreuen.

4. Ca. 10 Minuten auf dem heißen Grill grillen oder mit etwas Öl in der Grillpfanne rundum braten.

5. Salzen und mit dem Käse-Dip servieren.

Unser Tipp: Dazu schmecken Folienkartoffeln oder frisches Baguette.

Lammrücken mit Kräutersoße auf Kartoffeltalern

Zutaten für 4-6 Personen:

Für die Lammrücken:
2 Knoblauchzehen
4 EL Olivenöl
1/2 Tasse fein gehackte Petersilie
1/4 Tasse fein gehacktes Basilikum
1/4 Tasse fein gehackte Minze
2 ausgelöste Lammrücken à 600 g

Für die Kartoffeltaler:
800 g neue Kartoffeln
Olivenöl
grobes Meersalz

Für die Kräutersoße:
1/2 l trockener Weißwein
1 TL Stärke
1/4 l süße Sahne

1/4 Tasse fein gehacktes Basilikum
1/4 Tasse fein gehackte Minze
1 Zitrone
1 TL Worchestersoße
Salz, Pfeffer

Zubereitung:

1. Knoblauchzehen schälen, danach fein hacken oder mit einer Knoblauchpresse zerdrücken. Mit Olivenöl und den Kräutern in einer Schüssel zu einer Marinade verrühren. Die Lammrücken mit der Marinade einreiben, in eine Schüssel legen und 2 Stunden zugedeckt ziehen lassen.

2. Die Lammrücken auf den Grillrost legen (am besten mit Deckel) und zugedeckt 20 Minuten braten. Dabei die Rücken in regelmäßigen Abständen wenden und mit der restlichen Marinade bepinseln. So bleibt das Fleisch schön saftig.

3. Währenddessen die Kartoffeln schälen und in ca. 0,5 cm dünne Scheiben schneiden. Auf einem vorgeheizten heißen Stein mit wenig Olivenöl ca. 15 Minuten beidseitig goldgelb braten. Zum Schluss mit grobem Meersalz bestreuen.

4. Für die Kräutersoße den Weißwein in einer Kasserolle erhitzen. Währenddessen die Stärke in eine Schüssel geben und in etwas Wasser auflösen. Sobald der Wein zur Hälfte eingekocht ist, Sahne und die Kräuter dazugeben. Mit Zitronensaft, Worchestersoße, Salz und Pfeffer abschmecken und mit der Stärke binden.

Gegrillte Neuseeland-Lammspieße mit Paprika

Zutaten für 4 Personen:

1 kg Neuseeland-Lammrücken
2 Knoblauchzehen
6 EL Öl
2 EL Zitronensaft
2 EL trockener Weißwein

16 kleine Kartoffeln
je 1 rote und gelbe Paprikaschote
16 Scheiben Frühstücksspeck
16 kleine Lorbeerblätter
einige Salatblätter und Basilikum
zum Garnieren

Zubereitung:

1. Lammrücken vom Knochen lösen und von Haut und Sehnen befreien. Fleisch in große Stücke schneiden. Knoblauch schälen und in Scheiben schneiden. Öl, Zitronensaft, Knoblauch und Wein verrühren. Lammfleisch in die Marinade geben und zwei Stunden darin ziehen lassen.

2. Kartoffeln waschen und mit Wasser bedeckt zum Kochen bringen. Zugedeckt 20 Minuten garen. Kartoffeln abgießen, abschrecken, pellen und abkühlen lassen.

3. Paprikaschoten putzen, waschen und in große Stücke schneiden. Kartoffeln mit Speck umwickeln. Lammfleisch aus der Marinade nehmen und trockentupfen.

4. Auf jedem Fleischstück ein kleines Lorbeerblatt feststecken. Fleisch, Kartoffeln und Paprika abwechselnd auf Spieße stecken. Die Lammspieße auf dem heißen Grill zehn Minuten grillen, dabei ab und zu wenden.

5. Salat putzen, waschen und auf vier Teller verteilen. Je zwei Spieße darauf anrichten und mit Basilikum garnieren.

Puten-Saté mit Macadamianuss-Dip

Zutaten für 4 Personen:

600 g Putenbrust
1 unbehandelte Limette
2 EL Sojasoße, 3 EL Sesamöl
2 Schalotten, 1-2 Chilischoten

150 g Macadamianüsse
3 EL brauner Zucker
3 EL Reisessig, 3 EL Sojasoße
400 ml ungesüßte Kokos-milch
4-6 Stängel Zitronengras

4 EL Sonnenblumenöl
100 g Knoblauch-Butter
(z. B. von Meggle)
1/2 Bund Koriander, Salz

Zubereitung:

1. Putenbrust in fingerbreite Streifen schneiden. Limettenschale abreiben, den Saft auspressen, die Hälfte von Saft und Schale mit der Sojasoße und dem Sesamöl verrühren. Die Putenstreifen darin 20 Minuten marinieren.

2. Währenddessen den Macadamianuss-Dip vorbereiten: Schalotten schälen und hacken, Chilis in feine Ringe schneiden. Macadamianüsse erst im Blitzhacker zerkleinern, dann mit 2 EL Sonnenblumenöl in einem kleinen Topf anrösten. Ständig rühren, bis die Nüsse duften und hellbraun geworden sind. Chilis, Schalotten und braunen Zucker zufügen, 1 Minute weiterrösten. Mit Reisessig und Sojasoße ablöschen. Die andere Hälfte der Limettenschale und des Saftes zugeben. Kurz

einkochen, anschließend mit Kokosmilch aufgießen. Bei mittlerer Hitze 5 bis 10 Minuten einkochen, bis die Soße dickflüssig wird. Mit Salz abschmecken und warm stellen.

3. Zitronengrasstängel der Länge nach halbieren, die dünnen Enden spitz zuschneiden. Putenstreifen aus der Marinade nehmen und auf die Zitronengras-Spieße fädeln. Saté-Spieße mit 2 EL Sonnenblumenöl in einer beschichteten Pfanne oder auf einer Grillplatte von beiden Seiten je 1 Minute anbraten. Knoblauch-Butter in Scheiben schneiden, zu den Spießen geben und bei mittlerer Hitze 3 bis 4 Minuten fertig garen. Korianderblätter abzupfen, grob hacken und auf die Nuss-Soße streuen.

Folienkartoffeln „Surprise"

Zutaten für 4 Personen:

8 große Kartoffeln
4 Hähnchenbrustfilets à 150 g
Salz
Pfeffer

Paprikapulver
2 Bund Frühlingszwiebeln
1 Rolle Kräuterbutter
(z. B. von Meggle)

Zubereitung:

1. Kartoffeln gut abwaschen und ca. 20 Minuten in Wasser vorgaren.

2. Hähnchenbrust waschen, trockentupfen, mit Salz, Pfeffer und Paprikapulver würzen, auf dem Grill unter gelegentlichem Wenden grillen und in Streifen schneiden.

3. Frühlingszwiebeln putzen, waschen und in Ringe schneiden.

4. Bei den Kartoffeln einen Deckel abschneiden und sie aushöhlen.

5. Frühlingszwiebeln und Hähnchenbruststreifen in die Kartoffeln füllen.

6. Jeweils mit einer Kräuterbutterscheibe belegen. Grillkartoffeln in Alufolie wickeln und ca. 10 bis 15 Minuten grillen.

7. Alufolie entfernen, Kartoffeln auf Tellern anrichten und nach Wunsch mit Tomatenspalten und Kerbel garniert servieren.

Knusper-Hähnchenschenkel

Zutaten für 4 Personen:

4 Hähnchenschenkel
6 EL Teriyaki-Marinade
(z. B. von Kikkoman)
Pfeffer

Zubereitung:

1. Hähnchenschenkel unter kaltem Wasser gut abwaschen und trockentupfen.

2. Die einzelnen Schenkel mit der Teriyaki-Marinade gut einpinseln und am besten in ein Gefäß mit Deckel legen. Dann ca. 3 Stunden zugedeckt im Kühlschrank marinieren.

3. Auf den Rost legen und unter regelmäßigem Wenden die beiden Seiten der Schenkel ca. 15 Minuten knusprig grillen.

4. Dabei mehrmals mit der Marinade bestreichen und zum Schluss nach Geschmack mit Pfeffer würzen.

Dazu schmeckt ein frischer grüner Salat und auf dem Grill leicht geröstetes Baguette.

Hähnchenbrust „Capri" mit Risotto ai Funghi

Zutaten für 4 Personen:

4 Hähnchenbrustfilets à 150 g
4 Basilikumblätter
100 g getrocknete Tomaten

50 g Parmesan, Salz, Pfeffer
1 Zwiebel, 1 Knoblauchzehe
100 g Champignons
2 EL Olivenöl
200 g Rundkornreis

0,2 l trockener Weißwein
1 l Gemüsebrühe
50 g Parmesan, 40 g Butter
1 Aubergine
2 EL Balsamicoessig

Zubereitung:

1. Zwiebel und Knoblauch schälen und fein hacken. Pilze putzen und in dünne Scheiben schneiden. In einer Kasserolle Olivenöl erhitzen, Zwiebel und Knoblauch darin andünsten. Pilze ebenfalls kurz andünsten, dann den Reis hinzugeben. Sobald der Reis glasig wird, mit Weißwein ablöschen und mit der Hälfte der Gemüsebrühe auffüllen. Aufkochen und unter Rühren auf kleiner Flamme köcheln lassen. Wenn die Masse zu dickflüssig wird, Gemüsebrühe nachgießen. Nach ca. 20 Minuten ist der Reis gar. Parmesan fein raspeln und zusammen mit der Butter unter den Reis rühren. Mit Salz und Pfeffer abschmecken.

2. In die etwas dickere Seite der Hähnchenbrustfilets vorsichtig mit einem Längsschnitt eine Tasche schneiden. In diese je ein Basilikumblatt, eine getrocknete Tomate und einige feine Scheiben Parmesan geben. Mit einem Zahnstocher verschließen und mit Salz und Pfeffer würzen. Die Taschen auf einen heißen Stein legen und auf beiden Seiten 5 Minuten braten.

3. Die Aubergine längs in ca. 0,7 cm dünne Streifen schneiden, mit wenig Olivenöl bepinseln und auf dem Grillrost beidseitig je 4 Minuten grillen, mit Salz bestreuen und zum Schluss mit etwas Balsamicoessig bepinseln.

4. Risotto in die Mitte der Auberginenstreifen geben und zu einer Tüte rollen. Die Hähnchenbrust in drei gleich große Scheiben schneiden, daneben platzieren und mit einem Basilikumstrauß dekorieren.

Grill-Doraden im Senfmantel

Zutaten für 4 Personen:

4 Doraden, geschuppt und ohne
Kiemen (à 200 g)
Salz
Pfeffer
3 EL bayerisch-süßer Senf
(z. B. von Löwensenf)

Für die Füllung:

2 Frühlingszwiebeln
2 Tomaten, 1 Mozzarella
2 TL Zitronensaft
4 EL würzig-milder Senf
(z. B. von Löwensenf)
2 TL TK-Basilikum
etwas Zucker
Salz, Pfeffer

Zubereitung:

1. Doraden waschen und trockentupfen.
Mit Salz und Pfeffer bestreuen und mit bay-
erisch-süßem Senf bestreichen.

2. Für die Füllung Frühlingszwiebeln putzen, waschen und in Ringe schneiden.

3. Tomaten waschen, Stielansatz entfernen
und mit dem Mozzarella würfeln.

4. Frühlingszwiebeln, Tomaten und Mozzarella mischen, mit Zitronensaft, würzig-
mildem Senf, Basilikum, Zucker, Salz und
Pfeffer abschmecken.

5. Die Doraden damit füllen und in Alufolie wickeln.

6. Auf einem Grillrost ca. 20 Minuten garen. Nach Wunsch mit Basilikum garniert
servieren.

Kartoffel-Gemüse-Spieße

Zutaten für 4 Personen:

8 kleine Kartoffeln
8 bunte Mini-Paprikaschoten
8 kleine Calamares
5 EL Olivenöl
2 EL Grill-Barbecue-Würzer
(z. B. von Fuchs)
Salz
Bunter Pfeffer (z. B. von Fuchs)

Für den Dip:
100 g Frischkäse
1/2 Becher Jogurt
2 EL süße Sahne
2 TL Knoblauch-Würzpaste
(z. B. von Fuchs)
2 EL gehackte, geröstete
Haselnüsse
1 TL italienische Kräuter

Zubereitung:

1. Kartoffeln gründlich waschen und ca. 10 Minuten in Salzwasser vorgaren.

2. Mini-Paprikaschoten ebenfalls waschen, evtl. halbieren und putzen. Bei den Calamares die Haut abziehen, das Innenteil nach außen stülpen und sehr gut waschen.

3. Kartoffeln, Paprikaschoten und Calamares auf vier Spieße stecken. Olivenöl, Grill-Barbecue-Würzer, Salz und Pfeffer verrühren, Spieße damit bestreichen und ca. 20 Minuten durchziehen lassen.

4. Spieße auf dem Grill ca. 10 bis 15 Minuten grillen, zwischendurch mehrfach wenden.

5. Für den Dip alle Zutaten verrühren, pikant abschmecken und zu den Spießen servieren.

Crispi-Quark-Snack

Zutaten für 10 Stücke:

1 Fladenbrot

Für die Füllung:
500 g Lachsfilet
1/2 TL Virginia-Grillkräuter
(z. B. von Fuchs)
je 1 kleine rote und grüne
Paprikaschote
1 Möhre
200 g Crème fraîche

50 g geriebener Käse
Salz
1/2 TL Zitronenpfeffer
(z. B. von Fuchs)
1/2 EL Fuchs Gemüse-Toppers

Zubereitung:

1. Fladenbrot in ca. zehn „Tortenstücke" zerteilen und diese quer halbieren.

2. Lachs waschen, trockentupfen, in Streifen schneiden, mit Kräutern würzen, auf eine Alu-Grillschale geben und auf dem Grill ca. 5 bis 10 Minuten knusprig braun grillen.

3. Paprikaschoten halbieren, putzen, Möhre schälen, beides waschen, Paprikaschoten in feine Würfel und Möhre in Stifte schneiden.

4. Die Gemüse mit Crème fraîche und dem geriebenen Käse verrühren und mit Salz, Pfeffer und Toppers würzen.

5. Creme auf die unteren Hälften der Fladenbrote streichen, Lachs darauf verteilen, evtl. obere Brothälften auflegen, nach Wunsch kurz auf dem Grill erwärmen und servieren.

Riesengarnelen-Spieß „Aloha"

Zutaten für 4 Personen:

12 Riesengarnelen
1 EL Sesamöl
2 EL Sojasoße
Saft einer Limone

1 EL Honig
1 Baby-Ananas
1/2 Papaya
Salz
Basmatireis zum Servieren

Zubereitung:

1. Garnelen schälen: Dazu mit einer leichten Drehung den Kopf entfernen, danach die Beine und vom Schwanz anfangend die Schale. Dann vorsichtig mit einem scharfen Messer am Rücken entlangschneiden, um den Darm entfernen zu können. Anschließend unter fließendem Wasser abspülen.

2. Saft einer halben Limone, Honig, Sojasoße und Sesamöl zu einer Marinade verrühren. Die Garnelen darin ca. 30 Minuten marinieren.

3. Inzwischen die Baby-Ananas in ca. 5 cm große Würfel schneiden (auch den Strunk können Sie verwenden), die Papaya ebenso. Die Fruchtwürfel mit wenig Limonensaft

beträufeln. Vier Spieße (z. B. von Campingaz) abwechselnd mit Ananas, Garnele und Papaya bestücken.

4. Einen Lavasteingrill ca. 10 Minuten auf höchster Flamme vorheizen, Rost leicht einfetten und die Spieße beidseitig je 3 Minuten grillen. Zum Schluss leicht salzen.

Dazu passen Basmatireis und mit Balsamico angemachter Rucolasalat.

Bunte Fischpäckchen „Hokaido"

Zutaten für 4 Personen:

8 getrocknete Shiitakepilze
2 ungehäutete Makrelenfilets
à 200 g
250 g Lachsfilet
1 Heilbuttfilet à 350 g
16 große Garnelen

2 Frühlingszwiebeln
1 rote Paprikaschote
2 Stängel Bleichsellerie
8 Zuckerschoten
Öl zum Einstreichen
1 Stück Ingwerwurzel
6 EL japanische Sojasoße
(z. B. von Kikkoman)

2 EL halbtrockener oder liebli-
cher Weißwein zum Kochen
2 EL heller Reisessig (ersatzweise Apfelessig)
2 EL Erdnussöl
Extrastarke Alufolie

Zubereitung:

1. Die Shiitakepilze 30 Minuten in lau-
warmem Wasser einweichen.

2. Die Makrelenfilets sehr gründlich waschen und in knapp 1 cm breite Scheiben
schneiden. Den Lachs und den Heilbutt
ebenfalls waschen, trockentupfen, in Streifen schneiden.

3. Die Garnelen abspülen und abtropfen
lassen. Die Frühlingszwiebeln putzen, die
hellen Teile in 2 cm breite Schrägstreifen
schneiden, den Bleichsellerie in 1 cm breite
Stücke schneiden.

4. Die Paprikaschote putzen, waschen und
in feine Streifen schneiden.

5. Die Zuckerschoten waschen und abfä-
deln. Die Pilze abtropfen lassen, die Stiele
entfernen, die Hüte vierteln.

6. Acht Stücke Alufolie von 20 cm Kanten-
länge zuschneiden und mit Öl einstreichen.
Alle Zutaten gleichmäßig darauf verteilen
und die Folie beutelartig nach oben ziehen.
Den Ingwer schälen und über den Päckchen-
inhalt reiben.

7. Die Sojasoße, den Weißwein, den Reisessig und das Erdnussöl verrühren und über
die Fisch-Gemüse-Mischung träufeln. Die
Päckchen oben zufalzen und über Holzkohle auf dem Rost 15 Minuten garen.

Teriyaki-Lachs

Zutaten für 4 Personen:

4 Lachssteaks à 125 g
6 EL Teriyaki-Marinade
(z. B. von Kikkoman)
Öl zum Bestreichen
50 g Rettich
1 kleines Stück Ingwer

Zubereitung:

1. Lachssteaks mit 6 EL Teriyaki-Marinade zugedeckt im Kühlschrank marinieren, abtupfen, mit Öl bestreichen und auf dem Grill von jeder Seite ca. 7 Minuten grillen.

2. Zwischendurch mit Teriyaki-Marinade bestreichen.

3. Den Rettich schälen und fein reiben.

4. Den Ingwer schälen und in feine Streifen schneiden.

5. Ingwer und Rettich mischen. Kleine Häufchen servieren.

Unser Tipp: Dazu passen gemischter Reis und Zucchinigemüse. Mit frischen Kräutern garnieren.

73

Fisch am Spieß mit Salsa

Zutaten für 4 Personen:

2 Schwertfischtranchen à 180 g
2 Tunfischsteaks à 180 g
1 Zucchini
1 grüne Paprikaschote
2 EL Olivenöl
Salz, Pfeffer
2 Limonen
3 Strauchtomaten

1 Zwiebel
1 Knoblauchzehe
1 Chilischote
2 EL Weißweinessig
Saft einer Limone
1/2 Bund Koriander, fein gehackt

Zubereitung:

1. Die Fischsteaks in Würfel schneiden.

2. Zucchini längs halbieren und in 4 cm lange Stücke schneiden, Paprikaschote würfeln.

3. Abwechselnd Tunfisch, Schwertfisch und Gemüse auf Doppelspieße (z. B. von Campingaz) stecken.

4. Die fertigen Spieße mit Olivenöl einpinseln und mit Salz und Pfeffer würzen. Die Spieße auf dem Grillrost auf jeder Seite 5 Minuten grillen.

5. Für die Salsa Tomaten, Zwiebel und Knoblauch schälen, die Chilischote entkernen und alles in grobe Würfel schneiden. Im Mixer pürieren.

6. Essig und Limonensaft dazugeben. Zum Schluss den fein gehackten Koriander in die Salsa rühren, mit Salz und Pfeffer abschmecken.

7. Die Spieße auf ovalen Platten anrichten, mit Limonenvierteln und Salsa servieren.

Lachs-Millefeuille mit Limonenschaum und Grill-Lauchzwiebeln

Zutaten für 4 Personen:

1 Packung TK-Blätterteig
600 g Lachsfilet
Salz, Pfeffer
1 Eigelb, 8 Frühlingszwiebeln

1 EL Olivenöl, 1 Zweig Thymian
2 EL gehackte Petersilie
1/4 l süße Sahne
Saft einer Limone
Salz, Pfeffer
4 Dillzweige zum Garnieren

Zubereitung:

1. Die Blätterteigscheiben aus der Packung nehmen und abgedeckt auftauen lassen. Einen Emaille-Bräter (z. B. von Campingaz) einfetten. Danach Lachs in acht gleich große, rechteckige Stücke teilen, mit Salz und Pfeffer würzen.

2. Die Blätterteigscheiben so halbieren, dass acht Quadrate entstehen. Diese Quadrate mit einem Nudelholz wiederum zu Rechtecken ausrollen und je ein Lachsstück auf die untere Hälfte geben. Eiweiß vom Eigelb trennen.

3. Teig zu Lachs-Tranchen einschlagen und mit Eigelb bepinseln. Die Millefeuille auf den Bräter legen und diesen vorsichtig auf dem Grillrost platzieren. Mit dem Deckel

zudecken, Temperatur reduzieren und 30 bis 40 Minuten bei mittlerer Hitze backen.

4. Währenddessen Frühlingszwiebeln putzen und längs halbieren. Olivenöl, grob gehackten Thymian und Petersilie zu einer Marinade verrühren und die Zwiebelstreifen darin 5 Minuten ziehen lassen. Auf einem heißen Stein ca. 10 Minuten grillen, dann wenden, mit der restlichen Marinade bepinseln und salzen.

5. Dann die Sahne in einen Topf geben und erhitzen. Limonensaft dazugeben und mit Salz und Pfeffer abschmecken. Unter Rühren leicht einkochen lassen und vor dem Servieren mit dem Pürierstab aufschäumen.

Gemüseplatte

Zutaten für 4 Personen:

je 1 rote, grüne und gelbe
Paprikaschote
1 kleine Zucchini
100 g Kirschtomaten

Für die Marinade:
100 ml Speiseöl
50 g Tomatenketschup
1-2 TL Virginia-Grillkräuter
(z. B. von Fuchs)
1 TL Fuchs Gemüse-Toppers
1 TL Fuchs Kräuter-Crispins

Für den Dip „Miss Chili":
1 kleine rote Paprikaschote
100 g Ajvar
1 TL grüne, fein gehackte Oliven
1/2 TL Tomaten-Würzsalz
(z. B. von Fuchs)

Für den Dip „Madame Crispins":
120 g Kichererbsen aus
der Dose
100 g Crème fraîche, Salz
1/2 TL Knoblauch-Würzpaste
(z. B. von Fuchs)

1-2 Msp. Cumin, gemahlen
(z. B. von Fuchs)
1/4 TL Cayenne-Pfeffer
(z. B. von Fuchs)
etwas Zitronensaft
1/2 TL Fuchs Knoblauch-Crispins

Zubereitung:

1. Paprikaschoten halbieren, putzen, mit Zucchini und Kirschtomaten waschen. Paprikaschoten in Viertel, Zucchini putzen und in Sticks schneiden.

2. Für die Marinade alle Zutaten verrühren, mit dem Gemüse vermischen und dieses auf einer Grillschale grillen.

3. Für den Dip „Miss Chili" Paprikaschote halbieren, putzen, waschen, fein würfeln, mit Ajvar und Oliven verrühren sowie mit Tomaten-Würzsalz abschmecken.

4. Für den Dip „Madame Crispins" Kichererbsen abtropfen lassen, mit Crème fraîche pürieren und mit den Gewürzen und Zitronensaft abschmecken.

Gegrillte Zucchini- und Auberginensteaks

Zutaten für 4 Personen:

2 Zucchini
2 Auberginen
Salz
2 EL Italien-Würzmischung
(z. B. von Fuchs)
4 EL Speiseöl

Zubereitung:

1. Zucchini putzen, waschen und längs in zwei Zentimeter dicke Scheiben schneiden. Auberginen waschen, trocknen und schräg in Scheiben schneiden.

2. Auberginenscheiben mit Salz einreiben und ziehen lassen.

3. Aus Italien-Würzmischung und Speiseöl eine Marinade rühren, Zucchini und Auberginen vor dem Grillen damit einpinseln.

Während des Grillens evtl. noch mit der restlichen Marinade bestreichen. Nach Wunsch mit Italien-Würzmischung nachwürzen.

Unser Tipp: Dazu frisches Baguette oder knusprige Grisini reichen.

Gegrillte Zucchinischeiben

Zutaten für 2 Personen:

2 Zucchini à etwa 200 g
2 TL Sonnenblumenöl mit
Olivenöl
(z. B. „Sonne und Olive" von Thomy)

Salat-Würzmischung
(z. B. „Würzmischung Salat/Fisch
Nr. 4" von Maggi)
80 g Ziegenkäse
3 EL Minze, gehackt

Zubereitung:

1. Einen Tischgrill nach Anweisung mit Wasser befüllen und ca. 10 bis 15 Minuten vorheizen.

2. Die Zucchini putzen, waschen und der Länge nach in drei Scheiben schneiden.

3. Die Zucchinischeiben von beiden Seiten mit dem Öl bepinseln und mit der Würzmischung würzen.

4. Die Zucchinischeiben auf den heißen Grill legen und von jeder Seite ca. 3 Minuten grillen.

5. Den Ziegenkäse in Streifen schneiden, die Zucchinischeiben damit belegen und schmelzen lassen. Mit der gehackten Minze garnieren und sofort servieren.

Unser Tipp: Servieren Sie dazu Fladenbrot.

82

Gefüllte Paprikaschoten

Zutaten für 10 Stück:

10 frische, kleine rote Paprikaschoten

Für die Füllung:
400 g Ziegenfrischkäse
40 g Crème fraîche
Salz
1/4 TL Rosenpaprika
(z. B. von Fuchs)

1-2 TL Salatkräuter, gerebelt
(z. B. von Fuchs)
1/2 TL Bunter Pfeffer
(z. B. von Fuchs)
ca. 100 g grüner Blattsalat

Für die Vinaigrette:
6 EL Walnussöl
6 EL Balsamicoessig
2 Msp. Koriander, gemahlen
(z. B. von Fuchs)

1/4-1/2 TL Bunter Pfeffer
(z. B. von Fuchs)
1/2 TL Salatkräuter, gerebelt
(z. B. von Fuchs)
Salz
1 EL Honig

Zubereitung:

1. Bei den Paprikaschoten die Deckel abschneiden, die Schoten putzen, waschen und auf dem Grill so lange grillen, bis die Haut Blasen wirft. Etwas abkühlen lassen und die Haut abziehen.

2. Für die Füllung Frischkäse und Crème fraîche verrühren, mit den Gewürzen pikant abschmecken, in die Schoten füllen und nach Wunsch kurz auf dem Grill erhitzen.

3. Salat putzen, waschen, in mundgerechte Stücke zupfen und auf einer großen Platte anrichten. Zutaten für die Vinaigrette verrühren, pikant abschmecken, Salat damit beträufeln und mit den gefüllten Paprikaschoten belegen.

Bunte Gemüsepäckchen mit Mozzarella

Zutaten für 4 Personen:

250 g Mozzarella
400 g Zucchini
300 g Kirschtomaten
2 Zweige Rosmarin
80 g Kräuterbutter
(z. B. von Meggle)
Salz
Pfeffer

Zubereitung:

1. Mozzarella abtropfen lassen und in Scheiben schneiden.

2. Zucchini putzen und ebenfalls in Scheiben schneiden.

3. Die Tomaten waschen und halbieren. Rosmarinnadeln von den Zweigen zupfen. Die Kräuterbutter schmelzen.

4. 8 Streifen Alufolie (je ca. 20 cm breit) zuschneiden, die Ränder hochklappen und zu Nestern formen.

5. Danach Zucchini, Tomaten, Mozzarella und Rosmarin in die Nester verteilen, mit Salz und Pfeffer bestreuen und die Butter darüber träufeln. Nester auf dem heißen Grill 10 bis 12 Minuten braten.

Gemüsespieße

Zutaten für 4 Personen:

je 1 rote, grüne und gelbe Paprikaschote
1 frischer Maiskolben
2 Zucchini
100 g frische Perlzwiebeln
1 EL Speiseöl

Bunter gewürzter Pfeffer
(z. B. von Fuchs)
Salz
1 Becher Crème fraîche (150 g)
2 TL Zaziki-Dip (z. B. von Fuchs)

Zubereitung:

1. Paprikaschoten halbieren, putzen, waschen und in Stücke schneiden. Beim Maiskolben die Blätter entfernen und ihn in dicke Scheiben schneiden.

2. Zucchini putzen, waschen und in mundgerechte Stücke schneiden.

3. Perlzwiebeln abziehen und alle Gemüseteile abwechselnd auf vier lange Spieße stecken. Gemüse mit Öl einstreichen, mit Salz und Pfeffer bestreuen.

4. Spieße grillen, bis das Gemüse noch schön knackig ist.

5. Crème fraîche mit Zaziki-Dip verrühren, in ein Schälchen füllen und nach Wunsch mit frischem, geröstetem Baguette zu den Gemüsespießen servieren.

89

Quark-Kartoffeln

Zutaten für 4 Personen:

8 Kartoffeln
500 g Quark
3 EL Mineralwasser
je 1 Bund Schnittlauch und Petersilie
1 Zweig Dill
1 Kästchen Kresse

2 Zwiebeln oder 1 Bund Frühlingszwiebeln
2 Knoblauchzehen
1 TL Paprikapulver
Salz
Pfeffer

Zubereitung:

1. Die Kartoffeln fest in Alufolie wickeln und auf dem Gartengrill 20 bis 45 Minuten garen.

2. Kräuter putzen, waschen, trockenschütteln und sehr fein hacken, ebenso die Zwiebeln und die Knoblauchzehen.

3. Den Quark mit dem Mineralwasser glatt rühren, alle Kräuter, die Zwiebeln und den Knoblauch gut untermischen, mit Paprika, Salz und Pfeffer abschmecken.

4. Die Kartoffeln in der Folie einschneiden und etwas auseinander drücken, je 1 EL Quarkmasse einfüllen, den restlichen Quark dazu reichen.

Soßen und Dips für die Grillparty

Paprika-Chili-Dip

150 g Frischer Landrahm (z. B. von Rotkäppchen)
5 EL Milch, Salz, Pfeffer, Paprika, Chilipulver,
1/2 kleine Zwiebel, je 1 Stück grüne und rote
Paprikaschote

Zubereitung:

Den Landrahm mit Milch cremig rühren. Salzen,
pfeffern und mit Paprika- und Chilipulver pikant abschmecken. Paprikaschoten waschen, Zwiebel schälen, alles klein schneiden und unter den Dip heben.

Zaziki

2 Knoblauchzehen, 150 g Frischer Landrahm
(z. B. von Rotkäppchen), 200 g Magerquark
0,1 l Milch, Saft von 1/2 Zitrone
1 TL Enzym-Ferment-Getreide, 1/2 Salatgurke
1 Zwiebel, 1 Knoblauchzehe, Pfeffer, Salz
1/2 Bund Dill, fein gehackt

Zubereitung:

Knoblauchzehen abziehen, pressen und mit dem
Landrahm, dem Quark, der Milch, Zitronensaft und
Enzym-Ferment-Getreide verrühren. Die Salatgurke
reiben und unter die Landrahm-Masse rühren. Zwie-
bel und Knoblauchzehe schälen, fein hacken und zum
Dip geben. Mit Salz, Pfeffer und mit Dill würzen.

Blue-Cheese-Dip

150 g Frischer Landrahm
(z. B. von Rotkäppchen)
100 g Blauschimmelkäse, 5 EL Milch
40 g geröstete Speckwürfel, Pfeffer, Salz

Zubereitung:

Den Landrahm mit dem Blauschimmelkäse
verrühren, nach und nach die Milch dazugeben. Salzen und pfeffern. Mit gerösteten
Speckwürfeln garniert servieren.

Curry-Curcuma-Dip

150 g Frischer Landrahm
(z. B. von Rotkäppchen)
5 EL Milch, 1 Zwiebel, 1 Knoblauchzehe
Curry, Paprikapulver, Chilipulver
1 Msp. Curcuma

Zubereitung:

Den Landrahm mit Milch cremig rühren. Die
Zwiebel und die Knoblauchzehe schälen, fein
hacken und unter die Landrahm-Masse rühren.
Den Dip mit Curry, Paprika, Chilipulver und
Curcuma pikant abschmecken.

Düsseldorfer Senfbutter

Zutaten für 4 Personen:

1/2 Knoblauchzehe
1 Päckchen Butter
5 TL würzig-milder Senf
(z. B. von Löwensenf)
1 TL bayerisch-süßer Senf
(z. B. von Löwensenf)
etwas Zucker
Salz
Pfeffer

1/2 TL TK-Petersilie
1/2 TL TK-Basilikum
1/2 TL TK-Schnittlauchröllchen

Zubereitung:

1. Knoblauch abziehen und zerdrücken. Weiche Butter mit Senf verrühren.

2. Knoblauch hinzugeben und mit Zucker, Salz, Pfeffer und Kräutern würzen.

3. Nach Wunsch mit dem Spritzbeutel zu kleinen Butterrosetten formen oder zu Kugeln drehen.

4. Zu Baguette, Gemüse oder Fleisch servieren.

Unser Tipp: Anstelle von Tiefkühl-Kräutern können natürlich frische Kräuter verwendet werden, die einen viel intensiveren Geschmack besitzen.

Preiselbeer-Chutney

Zutaten für 4 Gläser:

500 g rote Zwiebeln
1,5 kg Preiselbeeren (frisch oder TK)
400 g brauner Zucker
80 ml Essig-Essenz
(z. B. von Surig)

250 ml Rotwein
100 ml Crème de Cassiss
2 TL Meersalz
2 Prisen Cayennepfeffer

Zubereitung:

1. Zwiebeln schälen und fein würfeln.

2. Preiselbeeren verlesen und in einem Sieb waschen, gut abtropfen lassen.

3. Zwiebeln und Preiselbeeren mit den übrigen Zutaten erhitzen und bei mittlerer Hitze 45 Minuten köcheln lassen, bis die Masse dickflüssig wird.

4. Gläser mit heißem Wasser ausspülen, die Masse noch heiß in die Gläser füllen und fest verschließen.

Unser Tipp: Heben Sie alte Gläser mit Schraubdeckeln auf. Sie sind für Cutneys besonders geeignet, da der Inhalt – heiß eingefüllt und sofort luftdicht verschlossen – darin wesentlich länger haltbar bleibt.

Dessert vom Grill

Zutaten für 4 Personen:

1 kleine Ananas
2 Bananen
2 Kiwis
8 Litschis

1 Apfel
1 Papaya
1 kleine Honigmelone
1/2 Flasche Würz-Marinade
Toscana (z. B. von Fuchs)

Zubereitung:

1. Ananas, Bananen und Kiwis schälen. Ananas halbieren, Strunk herauslösen und das Fruchtfleisch in Stücke, Bananen und Kiwis in dicke Scheiben schneiden.

2. Litschis pellen, Stein entfernen. Apfel waschen, Papaya schälen, beides halbieren, entkernen und in Spalten schneiden.

3. Melone ebenfalls halbieren, entkernen, Fruchtfleisch in Spalten herausschneiden.

4. Obst in die Würz-Marinade legen oder von allen Seiten damit bestreichen.

5. Mindestens zwei Stunden marinieren lassen.

6. Aus Alufolie kleine Schälchen formen, mit Obst füllen und auf dem Rost ca. 10 bis 15 Minuten grillen.

Register

Wir danken folgenden Firmen für ihre freundliche Unterstützung:

ABC Euro RSCG, Hamburg
- CMA 20/21, 24/25, 30/31, 32/33, 34/35, 38/39, 42/43
- Naturdarm 44/45, 46/47

CMA Centrale Marketing-Gesellschaft der deutschen Agrarwirtschaft mbH, Bonn 90/91

Foto Maggi Kochstudio, Frankfurt 82/83

G. Fiedler PR, Hamburg
- Surig Essig-Essenz 36/37, 96/97

Herbert Wirths PR, Fischach 10/11, 12/13, 14/15, 16/17, 40/41, 48/49
- Rotkäppchen 92/93

ipr, idee public relations, Hamburg, New Zealand Lamb 52/53

Ketchum GmbH, München
- Campingaz 10/11, 28/29, 50/51, 60/61, 68/69, 74/75, 76/77
- Kikkoman 22/23, 26/27, 58/59, 70/71, 72/73
- Meggle 54/55, 86/87

The Food Professionals Köhnen GmbH, Sprockhövel
- Fuchs Gewürze 64/65, 66/67, 78/79, 80/81, 84/85, 88/89, 98/99
- Langguth 18/19
- Löwensenf 62/63, 94/95
- Meggle 56/57

© 2002 SAMMÜLLER KREATIV GMBH

Genehmigte Lizenzausgabe
EDITION XXL GmbH
Reichelsheim 2002

Layout und Satz: Mathias Weil

ISBN 3-89736-150-7